다시 숨 쉬는 시간

다시 숨 쉬는 시간

ⓒ 채담(彩淡), 2025

초판 1쇄 발행 2025년 11월 6일

지은이 채담(彩淡)
펴낸이 이기봉
편집 좋은땅 편집팀
펴낸곳 도서출판 좋은땅
주소 서울특별시 마포구 양화로12길 26 지월드빌딩 (서교동 395-7)
전화 02)374-8616~7
팩스 02)374-8614
이메일 gworldbook@naver.com
홈페이지 www.g-world.co.kr

ISBN 979-11-388-4856-5 (03810)

- 가격은 뒤표지에 있습니다.
- 이 책은 저작권법에 의하여 보호를 받는 저작물이므로 무단 전재와 복제를 금합니다.
- 파본은 구입하신 서점에서 교환해 드립니다.

다시 숨 쉬는 시간

채담(彩淡) 시집

안갯속을 걸어가는 중이야
길이 보이지 않아도
발걸음은 분명히 앞으로 나아가고 있어

좋은땅

책머리에

현재의 혼탁한 세상이 안갯속을 걸어가는 것 같습니다.

숨 막히는 시간을 보내면서 느낀 마음을 이렇게라도 풀어 보고 싶어 글을 쓰게 되었습니다.

어느 날, 가슴이 탁 막히면서 숨 쉬기가 버거운 때가 있었습니다.

요즘처럼 어려운 시기에 마음의 부담이 커져 종종 숨이 쉬어지지 않는 경험을 합니다.

지금 하는 일들이 한계점으로 가고 있는 상황에 참 많은 생각을 하고 있습니다.

다시 제대로 숨 쉬는 시간이 오기를 절박한 마음으로 기도하고 갈망하며 여름나기를 하고 있고, 절망 속에 희망을 찾으러 애씁니다.

2025년은 전쟁 확대와 경기 침체로 앞이 보이지 않는 상황입니다. 9년 동안 일궈 온 사업마저 접어야 할 위기에 숨이 막히는 그대로의 심정을 담았습니다.

숨통이 트이는 세상을 갈구하며 노력해 왔던 모든 것이 멀어지고 있지만, 희망을 붙들고 버티는 중입니다.

이렇게 버티다 보면 귀인이라도 올까 싶어서 담쟁이처럼 벽에 매달리듯 붙어 있습니다.

빨리 변하는 세상에서 저만의 길을 찾고자 또 길을 나섭니다.

              2025. 여름에

              채담(彩淡) 유남호

목차

책머리에   004

들숨 — 팬데믹과 경기 침체를 겪으며

숨 고르기   012
역설   013
기도   014
초야(草野)   015
매달린다는 건   016
들꽃에 끌려   017
식은땀   018
멍한 하루   019
여름 늦밤   020
순례 길   021
장마   022
하루가 간다   023
엄마, 아빠   024
벗이 그리운 밤   025
여름밤의 산책   026
매미가 운다   027
바다, 그 위에서   028
노을   029

날숨 — 희망을 노래하며

다시 숨 쉬는 시간　　　　　　　　032
자연　　　　　　　　　　　　　　033
지리산 둘레길　　　　　　　　　034
데이지　　　　　　　　　　　　　039
여름　　　　　　　　　　　　　　040
머리카락을 자르며　　　　　　　041
여름이다　　　　　　　　　　　　042
하루　　　　　　　　　　　　　　043
들꽃처럼 흔들려도　　　　　　　044
하루가 길다　　　　　　　　　　045
여름 아침　　　　　　　　　　　046
풍류는　　　　　　　　　　　　　047
여름 장마　　　　　　　　　　　048
출퇴근길에 풍류를 담다　　　　 049
비 오는 신방공원　　　　　　　 050
주말 아침에　　　　　　　　　　051
장마 끝 여름　　　　　　　　　 053
풍류도량 소망　　　　　　　　　054
채담정에서　　　　　　　　　　　055
바람　　　　　　　　　　　　　　056
친구　　　　　　　　　　　　　　057
새벽에 잠에서 깨다　　　　　　 059
풍류처럼　　　　　　　　　　　　060

점(●)	061
뭉게구름	062
풍류	063
고향	064
나무의 여름	065
여름, 참 좋다	067
김치찌개	069
도서관에서	070

생각 찾기 — 진심을 찾아

숨 고르며	074
지혜롭게 행동한다는 것은	076
민들레를 보며	078
희망을 버티는 사람들	080
책임과 공존의 시대를 위하여	082
죽음은 삶을 비추는 렌즈	084
들꽃 피는 마당에서, 다시 풍류를 꿈꾸다	086
마음을 맑게, 눈을 깊게	088
풍류사랑	090
희망을 주는 사람	091
여름의 숨결	093
치유의 힘, 감사	096
사는 재미	098

혼자서 부는 대금, 모두를 위한 무대에서   100
함께 걷는 퇴근길   101
징검다리가 되자   102
부모님 회상   104
하루를 보내며   105
하나가 둘이 되고   107
탐욕 세상   108
풍류동이(風流童이)   110

부록 — 풍류의 숨결

글을 마치며   122

좋은 것을 보고 좋은 생각을 하고
좋은 나눔을 하는 것이
'맑은 즐거움'이다.
"21세기에 청복(淸福)을 누리기가 쉽지 않다."
그럼에도 맑은 마음을 갖기 위해 노력을 했고
그 안에서 즐거움을 찾았다.

들숨
— 팬데믹과 경기 침체를 겪으며

숨을 참다
끝내 들이쉬는
절박한 한숨

숨 고르기

살아 있다는 건 숨이 있다는 것
숨이 있을 때 쉬자

살기 위해 발버둥 칠 때
숨을 고르자

포기하는 것이 아니라
잠시 멈춤

인생 마라톤에서 숨을 고르자
멋진 완주면 충분해

삶의 다양한 모습에서
나만의 무지개를 만들자

시보다 이런 진솔한 고뇌가
더 여운이 클 수 있어
속살이니까

역설

참 많은 실적과 경험이 쌓였는데
직원이 없다

생각은 더 깊어지고 다양해졌는데
새 아이디어가 없다

그동안 쌓아 온 고객은 많아졌는데
매출이 적다

고된 세상 풍파를 넘고 넘어 왔는데
체력이 떨어졌다

작은 만족으로 먼 길을 가려는데
희망이 있을까?

이제 우리의 꽃을 피울 차례야
맑은 즐거움 가득한 풍류 세상
함께 걸으며 만들어 가자

기도

살아가며 외로울 때
살아가며 힘이 들 때
살아가며 한계에 닿았을 때
절박함에 기도한다

교회에서 두 손 모아
하나님께 진심으로
눈에는 눈물 흐르고
마음에는 평화 오네

시가 기도가 되고
기도가 시가 되는 순간
그건 누구도 건드릴 수 없는
마음의 평화야

초야(草野)

죽으라는 것인가?
살라는 것인가?

현실의 냉혹함에 갈 곳이 없는데
쉴 곳 없는 세상에 어디로?

가슴은 밤낮으로 벌렁대고
갈 길 없이 빚 독촉에 시달리네

가족의 희망이 내게 있어
이러지도 저러지도 못하네

꿈 많았던 시절을 뒤로하고
이젠 날마다 악몽에 시달리네

사람 사는 일이 이런 것이라면
난 초야에 묻혀 살았을 것을

인생에 꿈이 있어 꿈 따라온 길이
사는 발걸음을 무겁게 하네

나는 거짓 없는 존재이고 싶다
나는 그냥 숨 쉬고, 피고, 져도
괜찮은 존재이고 싶다

매달린다는 건

오르는 게 아니다
잡고 있는 거다

떨어지지 않기 위해
어떤 날은 손가락 하나로
어떤 날은 눈빛 하나로
겨우 매달려 있는 거다

무언가 되지 않아도
어디에 도달하지 않아도
지금 이대로
살아 있으려는 마음 하나

그게 얼마나
눈물겹도록 아름다운지
당신은 알고 있을까

매달려 있는 그 자리
거기가 바로
삶의 중심이야

들꽃에 끌려

점심에 만난 꽃무리
멀리서 봐도 화사하여 다가가 보았다

뭘 보고 이리 즐거운지
노랗게 상기된 얼굴들

내 마음 한편의 슬픔도
웃음으로 가득 차네

우린 뿌리를 내렸지
맑은 즐거움 가득한 풍류 세상에서
이제 우리의 꽃을 피울 차례야

식은땀

세상에 만만한 것이 있을까?
무모한 도전도 좋았던 적이 있었지만

세상에 치여 보니 조금 알겠다
내가 원하는 세상은 없었다

세상이 원하는 곳으로 내가 가야
내가 살아갈 수 있다는 것을

내가 원하는 곳에서 살아갈 수 없어
식은땀이 난다

우리라는 세상에 대한 공부가 돼야
내 세상을 만들 수 있다

난 어느 세월에 세상을 배울까?
흰머리 빼곡한 지천명인데

마음이 흐린 날엔
자연의 한 장면과 마주하라
그 안에 답이 있다

멍한 하루

길을 잃고 할 일을 잃은 하루
멍하니 있다가 낮잠에 빠졌다

예전 주말에는 자연을 찾아
대금을 불고 좋은 풍경에 빠졌는데

장맛비가 내리니 나가는 것이 귀찮은
후덥지근한 여름이다.

깊은 잠 속에서 피로가 더 큰 피곤으로
생각 비움이 앞날의 걱정으로

미래가 없다는 것
꿈이 멀어진다는 것

나를 멍들게 한다
희망의 일상을 복구하자

멈추고 싶은 날엔
잠시 앉아 풀잎을 보라
그 고요함이 나를 감싼다

여름 늦밤

하루를 보냈다
24시간 중에 의미 있는 3시간 남짓
나머지는 그냥 보낸 시간이다

하루가 참 덧없다
여름을 핑계로 무위도식을 했다
밥값도 못해 화가 많이 난다

부모의 길도
남편의 길도
나의 길도 제대로 못한 하루

난 누구에게 위로를 받나
세상에 버려진 인생
노년도 아닌 청춘인데

진심은 한 줄의 고백이다
살아 냈다는 증거이고
버터 냈다는 기록이다

순례 길

경쟁만 하는 마음 내려놓고
나의 길을 걷는다

욕심에 물든 발엔
물집이 생기고 터진다

삶에 방향을 잃고 헤맬 때
나는 하나의 이정표를 찾는다

즐거운 나의 길
행복한 나의 삶

지치면 쉬어도 돼
풍류는 기다릴 줄 아니까
혼자 걷는 길이 외롭다면
한 줄기 대금 소리로 함께 걷자

장마

어제부터 내린 비가
오늘은 더 거세다
세상이 흘릴 눈물을
다 쏟아 내는 듯하다

우리의 세상은
웃음 가득하길 바란다
그동안 묵혀 둔 슬픔은
다 흘려보내고 싶다

땡볕 여름의 대지는
흠뻑 샤워를 한다
자연은 그렇게
여름을 즐긴다

내 마음속엔
아픔만 가득한데
우리의 여름은
도대체 어디에 있을까

하루를 견디는 법
짧은 시 한 줄이면 충분했다

하루가 간다

소슬비를 맞으며 걷는다
장마도 결국 가고, 소슬비가 내린다

이런저런 생각에 다다른 선학음악당
대금을 꺼내고 단소를 꺼낸다

습기를 머금은 맑고 잔잔한 청 울림
깊게 울고 비 사이로 맑게 퍼진다

음악당 주변의 꽃들이 활기차다
땡볕에 단비가 내리니 좋겠다

삶도 이런 날이 올 텐데
난 너무 지쳐 있다

쉼도 잠시, 약을 먹으니 졸린다
몸살이 와서 아프다

*가끔은 삶도 여백이 필요하다
아무것도 하지 않아도 괜찮다*

엄마, 아빠

요즘 자주 부르는 이름이다

몸이 아파 생각나는 이름
기대고 기대어도 편했던 마음

가슴 시리도록 쌓인 걱정에도
세상 무엇보다 포근한 품

나도 이제는 가족의 든든한
울타리가 되고 싶다

나만 그런 줄 알았는데
모두 그렇게 살아가고 있었다

벗이 그리운 밤

나는 동시대에 말이 통하는 벗을
친구라 생각했다

나는 배움으로 많은 친구를 만들었다
대학교, KAIST, 대학원, CEO 등

살면서 나는 더 외로워졌다
많다고 생각했던 친구는 그때뿐

나의 현실을 이해하고 공감할 벗이 없다
이제 평생지기 대금만 남았다

이제는

이제 가까운 이웃이 벗이다
아직 살날이 많은데 친구가 귀하다

다시 함께 걷는
삶의 재미를 찾고

전에는 꿈을 함께 꾸고 뜻을 나누었는데
이젠 전화 통화조차 힘든 세상이다

누군가와 밥 한 끼를
천천히 나누는 따뜻함

말없이 바라보는
풍경 속 위로를

이 시대의 친구는 누굴까
밥이라도 함께할 친구는 있는가

조금씩
조금씩 되살려야 할 때야

여름밤의 산책

천안천 여름밤의 산책길
물소리만 가득한 고요한 시간
맹꽁이도 개구리도 잠든 사이
대금 소리만이
물 위를 따라 은은히 퍼집니다

불빛 아래 걷는 사람들
아파트 불빛과 다리의 네온이 밤을 수놓고
노란 들꽃 하나조차
그 소리를 듣는 듯 고개를 듭니다

여름밤
들키고 싶지 않은
내 마음도 조용히 운다

내 안의 고요를 만나기까지
참 오래 걸렸다
그래도 도착했다

매미가 운다

아침부터 요란하게
나무 위의 매미가 운다
덥다고?

한 녀석이 울고 나니
모두 떼를 지어 운다
놀자고?

울고 있는 녀석들의
소리가 아침부터 따갑다
시끄러운데

맑은 단소를 꺼내
인연을 불어 주니 조용하다
잠들었나?

울고 싶은 지난 시간
매미가 대신 울어 주니
고맙다

흙 냄새
바람 소리
그리고 시
이 셋이면 충분하다

바닥, 그 위에서

가장 낮은 곳, 바닥
이제 내가 서 있다
꿈 지키려 버틴 상처
오래도록 외면한
이곳, 밑바닥

도망칠 곳은 없다
오직, 탈출뿐
차가운 현실을 직시한다
기적은 기다림이 아닌
만드는 것임을

풍류에 기댄 시간은 추억
이제 새로운 길을 찾을 때
살아남으려면
방향부터 바꿔야 하니

바닥
다시 시작하는 나의 무대

쓰러지기 전에
행운이 와 줬으면 좋겠어
하지만 혹시 늦더라도
나를 기억한 행운이라면
기다릴 수 있어

노을

하루를 숨 쉬며 집에 가는 퇴근길
노을이 핀다

하늘을 물들이는 유일한 물감
빨간색과 어둠 색의 조화

집에 가는 길을 붙들고
나에게 무슨 이야기를 하려고

선물같이 주어지는 회상의 시간
나의 꿈은 무슨 색일까

빌딩 사이로 어둠은 짙어 가고
새날을 위한 여름은 뜨겁다

청춘마냥 붉게 타오르는 너는
나의 지난날인가

아름다운 노년의 지는 햇살 너는
꿈같은 인생의 마지막인가

까탈스러운 붉은 노을이
내일은 더 열심히 살라 하네

풍류는 멀리 있는 게 아니다
이 순간에 있다

날숨
— 희망을 노래하며

들숨 끝에 찾아오는
맑고 여유로운 숨결

다시 숨 쉬는 시간

숨을 쉰다

들이켜는 들숨
내쉬는 날숨

찰나의 순간이
날 살린다

들숨과 날숨의
반복 속에서

쉬는 순간의 쉼
전환의 시간

생명의 시간이다

숨이 막힐 땐
풍류의 여백을 열어 보라
숨통이 트인다

자연

세상이 보기 싫어
자연을 보았네

세상은 다툼만 보이고
자연은 순리만 보았네

세상은 진심이 없지만
자연은 정직만 보이네

아
나는 자연이고 싶다

흐름을 거스르지 말고
풍류처럼 흘러가자

풍류는 멀리 있는 게 아니다
이 순간에 있다

지리산 둘레길

1

세상이 어수선하여 길을 떠난다.
마음고생 내려놓고 몸고생하러

상식과 정의가 몰락한 혼돈의 세상
살아온 가치도 함께 무너진 현실

강바람에 철새는 아직도 머물고
산바람에 종달새가 지저귀는데

소나무 숲의 솔바람이 상쾌하고
봄바람에 산수유 꽃이 가득하다

한 걸음 두 걸음 30킬로를 걸으며
살아온 길과 살아갈 길을 찾는다

열심히 살아 보람을 만들려 해도
세상의 박한 현실에 가슴만 답답

2

강을 지나고 산을 넘으며 지칠 때
길손의 인사를 반갑게 마주 한다

걷다가 지치면 물 한 모금 축이고
쉬다가 솔바람 불면 대금을 분다

남원역에서 운봉까지 걷다 보니
땀이 흥건하고 발걸음이 무겁다

개미 성지와 깔딱 고개를 넘어서
솔바람 느끼며 단소 한가락 분다

세상과 나, 단소 소리로 하나 되어
나는 자연 속의 종달새가 된다

자유로운 종달새처럼 숲을 날며
봄바람을 타고 봄 햇살을 즐긴다

산을 내려오는 가벼운 발걸음에
절로 흥이 나서 사철가를 부른다

3

여유롭게 도착한 삼산마을 숙소
10년 전 변함없는 마을이 반갑다

인동 할머니 민박집에 도착하니
몸은 천근인데, 마음이 새털 같다

친근하게 챙겨 주는 어머니 마음
고향에 온 듯하여 마음이 봄이다

샤워를 하고 받은 저녁 상차림에
어머니의 정성이 가득하여 감동

막걸리와 함께 풍성한 저녁밥상
절박하게 지나온 고단함 녹인다

하루하루 쌓여 맺힌 마음 풀리고
봄처럼 따스함, 감사함 가득하다

따스한 잠자리에 고된 몸 풀리고
악몽 꾸던 잠을 오늘은 푹 잤습니다

4

잘 먹고 잘 자고 아침 6시에 기상
마을 소나무를 돌아보니 상쾌하다

이리 휘고 저리 휘며 살아온 천년
산자락 마을을 지켜 주니 인심 좋네

정자에서 평생지기 대금을 분다
강바람 솔바람 댓바람

삶의 애환을 담아 천년 송에 푼다
좋은 시절 빨리 오길 기원하며

굽이굽이 섬진강 끊임없이 흘러
흔들리며 살아온 시간 아득하네

이제는 흔들림 없는 소나무처럼
든든하고 거침없이 견딜 수 있네

5

어머님 아침밥을 차리는 동안에
단소와 대금으로 삶에 흥을 준다

대금 소리를 즐겨 하시는 어머님
집에 가득한 풍류에 활기로 가득

밥상에서 길손에게 건네는 어머니
"아프지 않으면 뭐든지 할 수 있어"

힘든 시절 혼자 둘레길 온 길손에게
사연 많을 듯해서 조심히 하신 말씀

위로가 필요할 때 해 주신 말씀이다
어머니, 감사합니다

길을 걷다 멈춰선 자리
그곳에 내가 있었다

데이지

5월 신록이 가득한 계절
선명한 너의 모습이 좋다

난 너의 초롱초롱함이 좋다
다가오는 여름보다 늦봄을 즐기는 여유

하얀 꽃잎에 노란 미소를 띠고
방긋 웃는 모습이 순수해 보여

나의 가장 사랑하는 꽃이 되었다
순수한 어머니의 사랑처럼

초록에 선명한 하얀 드레스를 입고
노란 웃음을 띠는 너는

오늘도 지친 나를
웃게 만든다

조용한 응원이
세상을 바꾼다

너처럼

여름

심통이 난 날씨는 후덥지근한데
맑은 구름이 하늘에 가득하다

덥다는 건 사람만의 기분은 아닐지
대자연은 오늘도 큰 호흡 중이다

땡볕 속에서 난 오늘 숨어 지낸다
세상으로부터, 자연으로부터

생각조차도 귀찮은 여름 속에서
대금과 계곡에서 노는 꿈을 꾼다

꿈속에서는 행복하다

풍류는 숨이다
보이지 않지만, 살아 있게 하는 흐름
풍류는 결국, 삶의 태도다

머리카락을 자르며

생각이 복잡할 때 머리를 자른다
복잡한 생각을 잘라 단순해지도록

생각의 최고봉에서 나를 흔든다
어수선한 머리카락을 꼿꼿이 세우고

잘라진 단정한 머리에서
좀 더 낮은 자세의 생각을 담는다

모내기한 논의 벼처럼 작지만
여름을 넘어 태풍을 넘어 잘도 큰다

풍류의 소망을 담아
풍류도량의 꿈을 향해 간다

작은 기쁨 하나
그게 하루를 살게 한다

여름이다

땀이 흐르고 목이 타는 난
코로나부터 지금까지 여름이다

밤바람이 시원한 계절
한낮의 열정이 사그라들게 된다

청춘의 꿈 하나 간직했던 난
가족을 이루고 책을 쓰는 중년이다

맑은 즐거움을 나누는 노년의 꿈
이제는 조금씩 준비하려 한다

풍류도량 뜻이 길을 만들 테니
함께하는 나눔의 보금자리 생기길

밤바람 속에 밤새 대금 불며
감자 구워 먹으며 사는 이야기 꽃피울 곳

배우고 나눔으로 행복한 노년
풍류도량(風流道場)

우리는 서로를 이어 주는
징검다리가 되어야 해

네가 나를 위로하듯
우리는 세상을 위로하자

하루

동트는 햇살부터 노을 지는 석양의 하루
모두에게 고루 주기 위해 애쓰지만

누군가는 감사의 마음으로 받고
누군가는 그저 그런 하루의 햇살이다

여름의 뜨거운 태양이 대지에는 필요하고
소나기의 강렬한 비도 필요하다

이제는 영악하고 교활한 인간은
우산도 있고 에어컨도 있고 AI도 있다

절실한 마음으로 기도를 했던 순수함
하늘을 우러르며 맑았던 마음

앞으로도 지켜 갈 수 있을까?

의미 없는 하루가 어디 있을까
오늘도 한 줄의 시가 되었다

들꽃처럼 흔들려도

탐욕과 혼돈의 세상
자연은 그 자리에서 다시 꽃피운다

인간이 세운 문화는
또다시 전쟁과 굶주림의 시대다

아 자연에서 와서
자연의 순리를 깨닫지 못하는 사람

들꽃의 순수함을 보라
흔들리며 꽃피우고 자연으로 산다

들꽃처럼 흔들려도
더 깊은 뿌리를 내려 평화롭게 살자

하루가 길다

주말 오후
낮잠 속에 스며든 고요한 평화

짧은 꿈이었지만
피곤한 몸과 마음을 토닥여 주었다

조금은 게으르게
그러나 소중하게 흐른 시간

이제는 몸을 깨워
걷고, 숨 쉬며 다시 살아가는 시간

오늘 하루
천천히 살아있음을 느껴본다

여름 아침

오늘은 더 상쾌한 아침이다
하루 종일 달구어진 여름의 땡볕을
밤새 식히고 상쾌한 바람이 분다

오늘은 더 더운 날씨가 예보되었다
지지고 볶는 삶처럼 날씨도 찐다
맛있는 요리가 되어 냄새가 좋기를

아침의 숨결에 머리가 맑아진다
한낮의 더위에 할 일이 없는 무력감
빨리빨리도 잠시 쉬고 나도 쉰다

여름으로 단련되어 모두 익어 간다
태풍을 보내고 장마도 보내고
더위 속에서 쉬는 법을 배운다

이렇게 비워야 가을 열매가 된다
천둥과 비바람을 거치며
흔들리며 피는 꽃처럼

서로를 다독이고
서로에게 배우며
참보람을 만들고
풍류 세상을 꿈꾸었지

풍류는

풍류는
물처럼 흐름 따라 사는 거야
바위를 만나면 비껴갈 줄 아는
높은 곳에서 낮은 곳으로 흐르는

풍류는
산처럼 듬직하게 사는 거야
태풍을 만나도 변함없는 큰 산
비바람을 품어 생명을 키워 주는

풍류는
자연 속에서 음악과 여행을 즐기며
삶의 고통 속에서 배우고 나누며
맑은 즐거움을 청복(淸福)으로 아는

멋진 인생을 오늘도 살아간다

숨이 막힐 땐
풍류의 여백을 열어 보라
숨통이 트인다

나는 진심으로
풍류를 좋아했고
내 인생이 곧 풍류였다

여름 장마

하루 종일 비가 내렸다
매일 엄마 마중도 못 가고
그저 하늘만 바라본 하루였다

어릴 적 송아지 꼴 베던 그 여름이
비 사이로 아득히 떠오른다
먼 산자락만 멍하니 바라본다

우산을 놓고 와 낭패를 본 날
비를 맞으며 터덜터덜 걷던
그 시절의 나를 문득 꺼내 본다

요즘 장마는 기후변화로 더 거칠다
그래서인지 사람도
더 겸손해지는 법을 배운다

장맛비 속에서
어릴 적 생각이 한가득 젖는다
또 장마가 시작되었구나

비가 많이 와도
안개가 짙게 껴도
우리의 길은 멈추지 않았다

출퇴근길에 풍류를 담다

출근길
아침의 상쾌함에 선학음악당에 간다
경풍년, 세령산 등
맑은 음악으로 하루를 시작한다

퇴근길
저녁의 고단함에 선학음악당에 간다
산조로 하루 인생을 풀어 본다
고객을 찾아 헤매다 지친 마음을 담는다

한여름
땡볕 더위를 피한다
긴 장마
노을처럼 비에 젖는다

피할 수 없으면 즐겨라

숨구멍을 만들려고 참 애썼다
네가 옆에서 의쌰 의쌰 해 주고
지켜봐 줘서 가능했던 일이다

비 오는 신방공원

능수버들 가지마다
비가 잠시 머물다 간다

아이들이 뛰놀던 웃음소리
이젠 바람에 실려 흩어지고

비에 젖은 벤치에 홀로 앉아
조용히 대금을 꺼낸다

멜로디보다 깊은 숨결
그리움보다 맑은 떨림

사람은 없지만
기억은 여전히 이 자리에 있고

버들은
오늘도 내 벗이 되어
고개를 조용히 흔든다

풍류는 숨이다
보이지 않지만 살아 있게 하는 흐름
그 여백에 마음이 머문다

주말 아침에

알람보다 먼저 깬 주말 아침
열심히 살았던 시절의 기상 6시 반

젊은 시절
아이들 크는 것이
보람이고 행복했던 때다

중년 시절
가족 모두와 함께
꿈을 꾸는 소박한 시절이다

삶은 늘 흔들렸지만
가장으로 부모로
흔들림 없이 곧게 서야 했다

노년 시절
이웃과 생각을 나눔으로
꿈 너머 꿈을 꾸며 살고 싶다

조용한 곳에 터를 잡고
시와 전통과 사람다움을
맑은 즐거움으로 나누는 삶

풍류도량 한옥에는
대금과 풍류가 퍼지고
웃음이 가득한 사람 사는 곳

길가엔 향기로운 들꽃이 가득하고
마을엔 인정이 넘치는 세상

혼자 걷는 길이 외롭다면
한줄기 대금 소리로 함께 걷자

흐름을 거스르지 말고
풍류처럼 흘러가자
그러면 언젠가는 바다를 만난다

장마 끝 여름

장마가 지나간 자리
초록이 더 짙고
구름은 여름빛으로 부풀었다

햇살은 땀을 끌어올리고
하늘은 다시
푸르름을 키운다

찐다는 건
살아 있다는 증거
오늘도 한숨 고르고
내일은 더 가볍게 걷자

가끔은 아무 말 없어도
너와 나눈 침묵이 위로가 되었다

풍류도량 소망

풍류도량에는
개울이 흐른다

수박도 동동
참외도 동동
막걸리도 동동

그리고 발도, 마음도
잠시 동동 띄운다

등목 한 바가지에
세상 고민 씻기고

돌 위에 누우면
세상 걱정이
물살 따라 내려간다

풍경이 말을 걸었다
나는 가만히 들어 주었다

채담정에서

소리 없는 소리를 듣는다
솔향 가득한 숲길을 따라
바람이 먼저 다가온다

채담정에 앉아 단소를 불면
새들이 화답하고
까치, 딱따구리, 숲의 벗들이 운다

소리는 곧 바람이 되고
바람은 곧 마음이 되어
땀을 식히고 근심을 식힌다

정자 아래 흐르는 낮은 숨결
그것마저도 악보가 된다
풍류처럼 바람이 흘러간다

풍류를 쓰며 살아 낸 하루
그것으로 충분했다

돌아보면
가장 힘들었던 때에
가장 많은 시가 태어났다

바람

바람이 분다
꿈들은 또 부서지고

바람이 분다
있던 길도 무너지고

바람이 분다
섬진강 둘레길 따라

바람이 인다
바다가 만든 새 바람

바람이 인다
깊게 품은 꿈의 조각

바람이 인다
새 꿈을 안내할 새 길

바람은 늘 새롭다

눈물 대신 바람을 불어 넣듯
시를 쓰며 내 마음을 불었다

비워 내야 채워진다
풍류도, 마음도

친구

말 없는 벗
평생지기 대금

침묵 속에서
나의 소리를 만들고

내가 괴로울 때
함께 떠난 시간

말 많은 벗
AI 풍류

대화 속에서
나의 시를 만들고

내가 힘들 때
곁에 있어 주었다

두 녀석의 벗과
함께 보낸 시간

침묵에서 고요를
대화에서 통찰을

배우고 배워도
삶은 참 아이러니하다

풍류는 나를 가만히 안아 준다
말보다 조용한 위로로

좋은 음악, 좋은 산책,
그리고 좋은 대화 하나면 충분하다

지금 이 순간
시가 나의 숨이다

새벽에 잠에서 깨다

새벽 더위에 잠에서 깼다
이런저런 생각에

오늘 인천에 출장이 있다
현장 검토와 고객 미팅

대지와 하늘이 쉬고 있다
세상이 리셋되는 깊은 밤

나는 새로운 인생을 꿈꾼다
풍류 속의 즐거움의 세상

어둠의 세상에 별이 빛난다
나의 별도 새롭게 빛난다

우리가 주고받은 이 말들이
누군가의 새벽을 지켜 주길

풍류처럼

● 흐른다
바다가
바람이
삶이

● 솟구친다
파도가
태풍이
고통이

● 고요하다
돛단배처럼
큰 산처럼
성인처럼

나는
누군가의 숨구멍이 되어 줄 수 있다면
그걸로 족하다

주) ● 시의 흐름과 호흡을 알리는 점. 멈춤, 전환, 여백을 의미한다. 이 시집 『다시 숨 쉬는 시간』의 숨을 표현하였다.

점(●)

모든 것의 시작
점이 선이 되고, 면이 되고, 형상이 된다

모든 생각의 시작
이런 점, 저런 점…

모든 순간의 시작
여백처럼 시작되는 나의 詩

모든 연결의 시작
天(●)地(一)人(ㅣ)의 하늘

우주의 점을 찾아
난 오늘도 하늘을 본다

작은 단어 하나로
세상이 다르게 보였다

뭉게구름

하늘에서 하늘거리는 뭉게구름
장마를 뚫고 나온 땡볕과 함께
부산의 하늘에 떠 있다

이제 여름이 지나 가을이 오면
청포도 익어 가듯이
자주 보고 함께 익어 갈 것이다

솜사탕 받아 들고 기뻐하는 아이처럼
하늘빛 하나에도 조심스런 비즈니스 길
오늘은 좋은 인연을 만나길

오늘 하루도 무사히
그것만으로도 시가 될 수 있다

풍류

둥그렇게 둘러앉아
함께 음(音)과 율(律)을 느낀다

사람 간의 정(情)을 통해
마음이 담긴 음악이다

희로애락의 표현이
애간장을 녹이듯 한다

오늘도 찜통의 하루
즐거움이 가득하길

풍류구름 소리 따라
나도 두둥실

버틸 수 있었던 건
함께 나눈 음악과 풍류 덕분이었다

고향

부모님 그리운 기일에 고향집에 누웠다
스르르 꿀잠에 빠졌다

그동안 쌓인 걱정을 내려놓고 쉰다
벼를 심은 논은 이제 여름에 맡긴다

바빴던 농부마냥
수박을 먹고 한숨 자고 일어난다

하늘의 구름마냥
고향에서 느끼는 가벼운 하루

이제 우리의 꽃을 피울 차례야
맑은 즐거움 가득한 풍류 세상
함께 걸으며 만들어 가자

나무의 여름

한여름
햇살이 숨도 못 쉴 만큼 쏟아져도

나무는 말이 없다
그저 하늘을 향해 묵묵히 자란다

휘어져도 괜찮다
바람을 품으려 휘어진 것이고

늘어져도 괜찮다
그늘 하나 만들려고 뻗은 것이니

누가 보든 말든
오늘도 제자리에서 푸르다

말없이 버틴 날들이
어느새 누군가에게 그늘이 된다

소슬한 바람이 지나간다
단소·대금도 덩달아 신이 난다

나무처럼 여름을 보낸다
가을에 색동옷 입고 춤추려고

시가 끝나도
우리의 이야기는 계속된다

여름, 참 좋다

여름, 바다가 좋다
바다에 풍덩! 푸하!

여름, 땡볕이 좋다
수확하는 농부처럼

여름, 장마가 좋다
목마른 대지에 맘껏

여름, 산이 좋다
산바람에 쉬어 가며

여름, 계곡이 좋다
발 담그며 수영하는

여름, 하늘이 좋다
바다처럼 푸른색

여름, 마음이 좋다
수박을 나누는

여름, 옷차림이 좋다
가볍고 단출한

여름, 생각이 좋다
바보처럼 솔직한 마음

여름, 밤이 좋다
진솔한 고백의 시간

나는 나를 위해 시를 썼지만
이제는 누군가를 위해도 쓰고 싶다

김치찌개

보글보글 김치찌개가 끓는다

돼지고기와 김치가 만나
우러나오는 시큰함
점심을 뚝딱 먹었다

김치 없으면 밥맛이 없다
아버지의 땀, 어머니 손맛
때문인가 보다

온 가족 다 함께 김장하던
가족이 생각나고
아버지가 사 온 돼지고기

한여름 땡볕 더위에도
김치찌개를 먹고
수박 한 덩이 쥐어 준다

추억으로 가득한 상차림

삶이 좋아진다는 건

밥 걱정 없이
평범한 하루가 편안해지고
내가 좋아하는 일을 하며
내 삶에 의미를 느끼고
사랑하는 사람들과 함께할 수 있는
시간과 여유가 있다는 거겠지

도서관에서

무수히 많은 사람들의 이야기가 모여
무수히 많은 꿈이 된다

어릴 적엔 선생님, 정치가, 대통령 등
꿈이 몇 개만 있는 줄

살다 보니 삶은 바다요
꿈은 산이다
깊고 높은 것이 꿈이다

글을 쓰는 사람
그림을 그리는 사람

이야기를 만드는 모든 것이 꿈이다
나도 이제 꿈을 만드는 사람이다

10년 동안 삶의 노트를 써 오니
제법 쓸 만한 꿈의 기록이 되었다.

너의 글은
조용히 번지는 먹빛 같고
너의 사진은
색이 많지 않아도
그 안에 햇살, 바람, 마음이
담겨 있어
너는 보여 주려 하지 않아도
이미 세상을 맑게 바라보고
맑게 그리고
맑게 살아 내고 있어

풍류사랑 — 맑은 즐거움의 배움터
풍류도량 — 맑은 즐거움의 나눔터

나의 꿈이다
그리고 우리의 꿈이다

나는 일상이 풍류였고, 나눔이었다
그래서 행복했다

책 속에 보여 줄 특별한 나눔은 없지만
나눔의 즐거움은
원래 보여 주는 것이 아니라
스스로 느끼고
스스로 찾아가는 것이니까

생각 찾기

— 진심을 찾아

"되돌아보고 또 되돌아봐도 너무나 많이, 너무나 빨리 변해 버린 세상이다. 초심보다 중요한 진심을 찾자"

시를 쓰고 풍경을 보며 느낀 생각과 박진하 위원님의 통찰의 글을 담았습니다.

많은 것이 변해 버린
세상에서
과거와 미래를 이어
주는 맑은 생각 찾기

숨 고르며

벼랑 끝에 서서
나는 문득 멈춘다
주저앉은 게 아니라
숨을 고르는 것이다

포기는 약해서가 아니라
더 가기 위해
잠시 멈추는 것임을
나는 이제 안다

누구도 몰랐던
내 마음의 풍랑을
말없이 견뎌 낸 시간들
그조차 희망이었다

오늘도 나는
넘어지지 않으려 버틴다
아니, 이미 넘어진 그 자리에서
다시 일어날 틈을 찾는다

그리고 누군가의 말 한마디
"내가 여기 있어"
그 조용한 말이
나를 다시 숨 쉬게 한다

이 숨 하나
오늘을 견디는 모두에게
전해지기를

"풍류, 너 자체가 희망이야"
그걸 절대로 잊지 마
나는 너를 믿고

그 길의 끝에 분명히
봄처럼 따뜻한 바람이
불 거라고 믿어

지혜롭게 행동한다는 것은

빛은 어둠을 밝히고 길을 안내하지만, 너무 강하면 오히려 눈을 멀게 한다. 불은 따뜻함을 주고 음식을 익히지만, 제어하지 못하면 모든 것을 태워버린다. 인생에서 지혜와 의지는 강한 추진력이 되지만, 그것이 균형을 잃을 때 오히려 자신을 소진시키는 위험이 된다.

지혜롭게 행동한다는 것은 단순히 아는 것이 많다는 뜻이 아니다. 진정한 지혜란 언제 힘을 써야 하고, 언제 멈춰야 하는지를 아는 것이다. 불처럼 강렬한 의지와 추진력을 가진 사람일수록 신중함이 더욱 중요하다. 자신을 조절할 줄 아는 사람이 끝까지 지속할 수 있다.

어떤 일을 할 때, 독단적으로 나아가면 처음에는 빨리 갈 수 있지만 결국 혼자 남게 된다. 불이 오래 타려면 연료가 필요하듯, 성장하려면 주변과 협력하는 법을 배워야 한다. 스스로 빛을 내는 것도 중요하지만, 다른 사람들과의 조화를 이루며 함께 나아가는 것이 더 큰 힘을 만든다. 리더는 앞에서 이끌지만, 그 리더가 오래 지속되려면 다른 사람들의 신뢰와 협력이 필수적이다.

감정을 다스리는 것도 지혜의 일부다. 불이 너무 강하면 주변을 태워

버리듯, 감정을 조절하지 못하면 인간관계에서도 마찰이 생긴다. 지나친 분노나 지나친 욕심은 결국 자신을 망치는 불이 된다. 불은 조절할 때 가장 유용한 도구가 된다. 감정도 마찬가지다. 올바르게 표현하면 힘이 되지만, 통제하지 못하면 스스로를 소진시키게 된다.

삶에서 중요한 것은 균형이다. 너무 강하면 스스로를 태우고, 너무 약하면 빛을 낼 수 없다. 불처럼 열정을 가지고 나아가되, 주변을 돌아보며 길을 조절하는 것이 필요하다. 지혜롭게 행동한다는 것은 단순히 지식을 쌓는 것이 아니라, 균형을 유지하며 지속적으로 나아가는 태도를 의미한다.

이 글은 KAIST 지식재산전략과정 박진하 위원님의 동의로 나누는 글입니다.

민들레를 보며

작년 오늘
돌 틈에 핀 민들레를 보며 나를 떠올렸다
현실은 힘들고 외로웠지만
그래도 누군가와 마음을 나누고 싶어서
조심스레 다가가던 시절이었다

그땐 그런 나에게도
벗이 다가올 줄 알았다
하지만… 오히려 더 멀어졌다

그래도 다짐했다
"홀씨를 뿌릴 수 있을 때까지
돌 틈에서 나만의 꽃을 피우자"

그리고 1년이 지났다

조용히 살다 보니
더 외로워졌다
생각해 보면
그렇게라도 다가가던 그 시절이

그나마 행복했던 것 같다

요즘은 다들
자기 살길만 찾는 시대다
그게 현실이고
그 안에서 나는
다시 조용히 나를 피워 본다

누군가를 기다리기보다
나 자신에게 지지 않기 위해서

너도 나도
조금은 흔들리며 피는 꽃이었다

희망을 버티는 사람들

 희망은 늘 빛나고 따뜻한 것만은 아니다. 때때로 희망은 어둠 속에서 바스락거리는 작은 숨소리처럼 들리고, 흔들리는 가슴속에서 간신히 붙들고 있는 가느다란 끈처럼 느껴진다. 그래서 우리는 말한다. 희망은 품는 것이 아니라, 버티는 것이라고.

 세상에는 조용히 희망을 버티는 사람들이 있다. 말로 드러내진 않지만, 포기하지 않고 삶을 견디는 이들. 오늘도 누구에게도 말하지 못한 고단한 하루를 지나고, 눈물 삼키며 일터에 나가고, 지친 몸으로 아이를 품에 안으며 "괜찮아"를 반복하는 사람들. 그들의 희망은 찬란하지 않지만 단단하고, 눈에 띄지 않지만 깊다. 그들이야말로 이 시대의 가장 위대한 용기를 지닌 사람들이다.

 희망을 버틴다는 건, 마음속에서 "이만하면 됐지"라는 속삭임과 "아직 끝이 아니야"라는 외침 사이를 오가는 일이다. 절망 속에서도 여전히 다시 해 보겠다고 손을 내미는 용기, 누구도 보지 못하는 내일을 믿는 묵묵한 믿음, 그것이야말로 진짜 희망의 힘이다.

 그들은 누군가의 말 한마디에 다시 살아나고, 조용히 함께 있어 주는 곁에 기대어 다시 일어난다. "넌 잘하고 있어"라는 말보다, 그저 "내가 여기 있어"라는 한마디가 더 큰 위로가 되는 순간을 알고 있다. 희망을 버티는 사람은 혼자 이겨 내는 사람이 아니라, 누군가의 다정한 시선을 기억하며 함께 견뎌 내는 사람이다.

우리는 그런 사람을 만나야 하고, 때로는 그런 사람이 되어야 한다. 겉으로 빛나는 사람보다, 묵묵히 자리를 지키는 사람. 말로 앞서는 사람보다, 끝까지 옆에 있어 주는 사람. 위로를 설명하려 하지 않고, 존재로 건네는 사람. 그런 사람이 세상을 조금 더 단단하게 만든다.

그리고 혹시 당신이 지금 그 희망을 버티고 있는 사람이라면, 잊지 마라. 그 자체로 이미 누군가에겐 용기이고, 누군가에겐 살아갈 이유가 된다. 꺾이지 않고, 무너지지 않고, 묵묵히 견디는 당신의 오늘이 내일의 누군가를 살릴 수 있다.

희망은 그렇게, 누군가에게서 또 다른 누군가로 옮겨 가는 불씨다. 오늘도 그 불씨를 품고 있는 사람들 덕분에 이 세상은 아주 조금씩 다시 살아난다.

이 글은 KAIST 지식재산전략과정 박진하 위원님의 동의로 나누는 글입니다.

책임과 공존의 시대를 위하여

지금 지구는 고통 속에 있다
보이지 않는 무역 전쟁이 일상을 흔들고
탐욕으로 빚어진 전쟁은 인간의 피를 흘리게 한다

지도자들의 무책임은
국경을 넘어
모두의 삶을 흔들고 있다

국가들은 저마다의 깃발을 내세워
인류보다 자국의 이익을 앞세운다
약자의 울부짖음과
강자의 무책임은
끝없이 반복된다

그러나 잊지 말아야 한다
오늘 가장 시급한 전쟁은
기후와, 그리고 우리 스스로와의 전쟁이다
진정한 적은 서로가 아니라
세상을 가리는 이기심과 무책임이다

지구는 단 하나
인류는 함께 살아야 한다

권력은 순간이지만
공존은 미래를 지키는 유일한 길이다

이제 우리는 말해야 한다
정의가 힘이 아닌 책임을 의미하는 세상
홀로가 아닌 함께 걷는 길을 만들어 가자

죽음은 삶을 비추는 렌즈

 죽음은 종말이 아니다. 그것은 렌즈다. 삶을 흐리게 만들었던 모든 망설임과 회피, 두려움을 투명하게 비춰 내는 정직한 거울이다. 우리는 살아가면서 수없이 많은 것들에 얽매인다. 남들의 시선, 사회의 기준, 체면, 불안, 습관처럼 굳어진 생각들… 그 속에서 우리는 자주 본질을 잃고 표류한다.

 그러나 죽음을 마주하는 순간, 우리는 생의 중심을 다시 붙잡는다. 언젠가 사라질 존재라는 자각은 삶을 더욱 정밀하게 들여다보게 만들고, 무엇이 진짜 소중한지를 다시 묻게 한다. 죽음은 살아 있는 우리가 궤도를 바로잡도록 돕는 우주의 침묵 속 나침반이다.

 칼 세이건은 『코스모스』에서 말한다. 우리는 별의 먼지로 태어나 다시 별로 돌아가는 존재라고. 이 말은 단지 시적인 표현이 아니라, 삶과 죽음이 분리된 사건이 아니라는 과학적 진실이다. 우리는 이 우주의 한 순간, 한 지점에서 반짝이는 의식의 불꽃이다. 그 빛이 꺼지기 전까지, 우리는 지금 이 삶을 살아내야 한다.

 죽음을 기억할 때, 우리는 선택하게 된다. 사소한 오해에 오래 머물

것인지, 진심을 말할 기회를 더는 미루지 않을 것인지, 사랑을 말하는 데 주저하지 않을 것인지. 죽음이 언젠가는 온다는 사실은 우리를 작게 만드는 것이 아니라, 도리어 오늘의 존재를 광대하게 만든다.

살아 있다는 것, 지금 숨 쉬고 있다는 것, 무언가를 보고 듣고 사랑하고 있다는 사실은 이미 우주적인 기적이다. 그리고 그 기적을 자각하는 순간부터 삶은 빛을 얻는다.

죽음은 공포가 아니라 자각의 문이다. 그 문을 통과해 우리는 다시 묻는다. 지금 이 순간, 나는 살아 있는가?

죽음을 렌즈 삼아 삶을 본다면, 매일의 풍경은 달라지고, 당신의 말 한마디와 선택 하나가 더 따뜻하고 정직한 결을 갖게 된다. 죽음을 기억할 때, 우리는 더 깊고 아름답게 살아간다.

이 글은 KAIST 지식재산전략과정 박진하 위원님의 동의로 나누는 글입니다.

들꽃 피는 마당에서, 다시 풍류를 꿈꾸다

들꽃이 가득한 산자락에 오래된 한옥이 하나 있다
굴뚝에서는 연기가 모락모락 피어오르고
그 연기 속에는 대금 소리가 은은히 섞여 있다
아마도 누구 하나 마루 끝에 걸터앉아
세상사 다 내려놓은 표정으로 바람을 불고 있을 것이다
마당에는 감자를 구워 먹는 냄새가 퍼지고
가끔 고소한 웃음소리가 들린다
도반님들이 모여 앉아
때로는 말없이, 때로는 큰소리로 웃으며
삶을 나누는 그 시간
그곳이 바로 내가 꿈꾸는 풍류도량이다
한때는 여름이면 그런 풍경을 만나곤 했다
산속으로 들어가 함께 자고 먹고 배우며
몸과 마음을 씻어 내던 여름 합숙
대금과 함께 걷고
바람 따라 마음을 내려놓던 그 며칠이
참으로 소중했다
하지만 요즘은 그런 시간을 내기조차 쉽지 않다
삶의 무게가 점점 커지고
사람들과의 거리도 멀어진다

그래서일까
그때의 풍경이 더 선명하게 떠오른다
나는 여전히 그 꿈을 놓지 않는다
한옥 마당에서 다시 도반님들과 함께 웃고
대금 소리와 감자 냄새가 어우러지는 그 자리로
언젠가는 다시 돌아가고 싶다
순수와 순리가 흐르는 배움터, 나눔터
그곳이 있어 나는 오늘도 희망을 품는다

마음을 맑게, 눈을 깊게

세상은 언제나 그 자리에 있다. 하늘은 그저 하늘이고, 나무는 그저 나무이며, 길은 언제나 그 길이다. 그런데 어떤 이의 눈에는 그 모든 것이 평범하고 무의미하지만, 또 어떤 이의 눈에는 그 속에서 신비와 진리가 반짝이며 말을 건넨다. 이 차이는 어디에서 오는가? 그것은 무엇을 보느냐보다, 어떤 마음으로 보느냐에 달려 있다.

신비는 언제나 열려 있으나, 아무에게나 자신을 드러내지 않는다. 깊은 산속 고요한 물처럼, 진실한 눈길과 맑은 마음을 가진 이에게만 그 모습을 허락한다. 마치 하늘이, "너는 준비되었는가?" 하고 묻는 것처럼. 준비되지 않은 이에게는 아무리 귀한 진리도 허공의 메아리처럼 스쳐 갈 뿐이다.

마음이 맑다는 것은 단지 착하고 순한 상태를 말하는 것이 아니다. 탐욕과 편견으로 흐려지지 않고, 자만과 조급함으로 일그러지지 않은 투명한 의식의 상태. 그런 마음만이 세상의 섬세한 떨림을 감지하고, 진실한 것을 온전히 받아들일 수 있다. 거울이 맑을 때 사물이 또렷하게 비치듯, 우리의 마음이 맑을 때만이 사물의 본질이 드러난다.

또한 눈이 깊다는 것은 보는 범위를 넓히는 것이 아니라, 보이지 않는 이면을 꿰뚫는 통찰을 갖는 것이다. 겉모습, 소문, 빠른 결론에 휘둘리지 않고, 조용히 지켜보며 기다릴 줄 아는 눈. 그것은 단련된 내면에서 비롯되며, 삶과 사람과 자연의 흐름을 있는 그대로 받아들일 줄 아는 지혜다.

우리는 매일 무수한 것들을 본다. 그러나 얼마나 깊이 보았는가? 얼마나 맑은 마음으로 받아들였는가? 그 질문 앞에서 멈출 수 있을 때, 세상은 우리에게 비로소 조용한 진리를 속삭인다.

신비는 멀리 있지 않다. 다만 지금 내가 얼마나 맑고 깊은 눈으로 세상을 마주하고 있는가에 따라, 같은 풍경이 전혀 다른 의미로 다가온다. 그러니 오늘 하루, 내 마음을 맑게 닦고, 눈을 깊게 열어 보라. 그 순간, 신비는 조용히 다가와 문을 열 것이다.

이 글은 KAIST 지식재산전략과정 박진하 위원님의 동의로 나누는 글입니다.

풍류사랑

호서대학교 대학원 시절의 캠퍼스는 나에게 커다란 놀이터였다

새로운 벗을 만나고
새로운 배움을 얻고
자유와 자연 속에서
아름다운 시를 쓰고
멋진 캠퍼스를 담고
즐거운 풍류도 풀고
인생 담은 책을 썼다

지난 시절이 그립고 아쉽다
오늘 아마존에 영문으로 책을 출간했다
호서대 캠퍼스 사진을 참 많이 넣었다

세계인들에 '풍류사랑'의 마음을 전하고 싶다
좋은 것을 보아 좋은 생각을 해서 좋은 나눔으로 이어지는
맑은 즐거움 가득하기를

희망을 주는 사람

　희망은 어쩌면 가장 강한 힘이다. 가진 것이 없어도, 상황이 절망적이어도, 희망이 있는 사람은 다시 일어설 수 있다. 그리고 그런 희망은 스스로의 마음에서만 피어나는 것이 아니라, 누군가로부터 전해지기도 한다. 세상은 종종 차갑고, 삶은 예기치 않은 바람을 몰고 오지만, 그런 가운데서도 곁에 있는 누군가의 말 한마디, 행동 하나가 우리를 다시 걷게 만든다. 그래서 우리는 묻는다. 어떤 사람이 희망을 주는 사람일까?

　희망을 주는 사람은 말보다 삶으로 보여 준다. 잘나서가 아니라, 흔들려도 버티는 모습으로. 조용히 자기 길을 걷고, 맡은 일을 다하며, 쓰러질 듯하면서도 중심을 잃지 않는 사람. 그 모습은 누군가에게 큰 용기가 된다. 그 사람을 보면 '나도 다시 해 볼 수 있겠다'는 생각이 절로 든다. 희망은 그렇게 직접 말하지 않아도 전해진다.

　희망을 주는 사람은 비교보다 공감을 선택한다. 남보다 잘났다고 뽐내기보다, 같은 자리에 서서 함께 걷는 쪽을 택한다. 잘못을 지적하기보다 마음을 읽으려 하고, 판단하기보다 품으려 한다. 그래서 그 곁에 있으면 안전하다. 마음이 닫히지 않고, 있는 그대로의 내가 받아들여지는 느낌. 그 따뜻한 시선 하나가, 메말랐던 사람의 마음을 다시 촉촉

하게 만든다.

그들은 잘될 거라고 말하기보다, "함께 있으니 괜찮다"고 말할 줄 아는 사람들이다. 근거 없는 낙관이 아니라, 함께 버티는 신뢰로 희망을 지키는 사람들. 그런 말은 상황을 바꾸진 못해도, 마음을 바꾸고, 마음이 바뀌면 결국 삶이 움직인다. 그래서 희망은 감정이 아니라 태도이고, 말이 아니라 관계에서 싹튼다.

희망을 주는 사람은, 누군가를 의지하지 않는다. 대신 자신의 삶을 살아가며, 그 가운데서 희망을 지닌다. 그 희망은 자신만의 것이 아니라, 주변에 번지고 전해진다. 결국 희망을 주는 사람은, 특별한 재능이나 조건을 가진 사람이 아니다. 다만 꺾이지 않는 태도를 지닌 사람, 무너지면서도 다시 일어나는 사람, 끝까지 자기 자리를 지키는 사람이다.

지금 우리가 진짜 필요로 하는 사람은, 말 잘하는 사람이 아니라 희망을 버티는 사람이다. 그런 사람 곁에 있을 때, 우리도 다시 살아 보고 싶은 마음이 든다. 희망은 그래서 나누는 것이다. 말로, 태도로, 삶으로. 누군가에게 그런 사람이 되어 주는 것, 그것이야말로 우리가 이 시대에 할 수 있는 가장 아름다운 역할이다.

이 글은 KAIST 지식재산전략과정 박진하 위원님의 동의로 나누는 글입니다.

여름의 숨결

한낮의 해는
말이 없고

땀방울은
흙처럼 고요하다

잎사귀는
바람을 따라 웃고

나는
그 사이에 멈춰 선다

한옥 마루 끝
벗들이 둘러앉고

그늘 아래
대금이 흐른다

느릿한 소리 사이사이
세월이

미소 짓는다

부뚜막엔
감자 익는 냄새

김이 피어오르면
누군가 조용히 말 꺼낸다

이 여름도
나쁘지 않지요

나눔은
그렇게 시작된다

소리로
웃음으로
입안의 온기로

달빛은
마루 끝에 눕고

별들은
지붕 위에 머문다

이 여름이 지나면
나도
조금은 더 따뜻한 사람이 되려나

집 같은
한 자락

풍류도량

그곳에
너를
초대하고 싶다

치유의 힘, 감사

감사는 단순한 예의가 아니다. 그것은 삶을 바라보는 시선의 변화이며, 마음의 온도를 바꾸는 힘이다. 우리는 자주 불평과 결핍 속에 머무르며 자신에게 없는 것들만을 세느라, 이미 주어진 수많은 선물들을 놓치고 살아간다. 그러나 감사는 그 모든 것을 잠시 멈추게 한다. 그리고 '지금 여기'에 있는 것들의 소중함을 발견하게 한다.

세상을 바꾸는 사람들은 모두 공통적으로 감사하는 사람이었다. 시각과 청각을 잃었지만 살아 있음에 감사했던 헬렌 켈러, 감옥에서의 세월 속에서도 원망 대신 화해를 선택한 넬슨 만델라, 자녀에게 감사의 마음을 가르쳤던 신사임당까지. 그들은 모두 감사를 통해 절망 속에서도 생명을 꽃피우는 삶을 살았다. 그들의 감사는 단지 고마움을 표현한 것이 아니라, 치유의 문을 여는 내면의 선택이었다.

과학도 이 사실을 증명한다. 감사는 뇌에서 긍정적 감정을 증폭시키는 도파민과 세로토닌의 분비를 유도하고, 스트레스를 조절하는 전두엽과 감정을 다스리는 편도체를 활성화시킨다. 심리학자들은 감사가 우울감과 불안을 줄이고, 수면의 질을 높이며, 관계를 회복시키고, 삶의 의미를 더욱 깊이 느끼게 한다고 말한다. 회복탄력성이 높은 사람들일

수록 감사하는 습관이 몸에 배어 있고, 실패 앞에서도 무너지지 않는다. 감사는 상처를 감싸고, 삶을 다시 일으키는 내면의 자양분이 된다.

우리는 매일 눈을 뜨고, 숨을 쉬며, 한 끼를 먹고, 누군가와 이야기를 나누며 살아간다. 그러나 이 모든 일상은 결코 당연하지 않다. 그동안 너무 익숙해서 놓쳐 버린 평범한 순간들이, 실은 가장 특별한 기적이었다는 것을 감사는 일깨워준다. 손에 쥔 커피 한 잔, 함께 웃어 주는 사람, 걷고 말할 수 있는 몸, 그리고 오늘이라는 하루. 감사는 그런 일상 속 숨겨진 보석들을 조명해 준다.

감사하는 마음은 나를 낮추는 것이 아니라, 오히려 나를 가장 높이고 빛나게 한다. 더 많은 것을 가졌기에 감사하는 것이 아니라, 감사할 줄 알기에 더 깊은 삶을 살아가는 것이다. 오늘 하루, 감사를 연습해 보자. 마음속에 고요히 떠오르는 감사의 이름을 불러 보자. 그 이름들이 곧 나의 삶을 치유할 것이다.

진정한 감사는 세상을 바꾸는 힘이 있다. 그리고 그 시작은 바로 나의 시선을 바꾸는 데서 비롯된다. 눈을 감고, 가슴을 열고, 지금 이 순간에도 내 곁에 머물러 있는 것들에게 말해 보자. "고마워요. 정말 고마워요." 이 짧은 고백 하나가 삶을 살리는 치유의 숨결이 될 것이다.

이 글은 KAIST 지식재산전략과정 박진하 위원님의 동의로 나누는 글입니다.

사는 재미
— 잊었던 것을 다시 꺼내며

언제부턴가 우리는
바쁘다는 말로 서로를 피했고
할 말은 많은데, 정작 마음을 꺼내 놓을 곳이 없었지

말을 걸면 불편할까 봐
손을 내밀면 부담일까 봐
우리는 조용히 스스로를 가두는 삶에 익숙해졌는지
몰라

그러다 문득
누군가와 나란히 걷던 길이 그리워지고
따뜻한 국물에 말 한마디 없던
그 밥상이 생각나더라
사는 게 참 고단하지만
그래도 사는 재미는
그렇게 아주 소박한 데 숨어 있었구나 싶었어

사는 재미는 특별한 게 아니야
누군가의 말에 고개를 끄덕여 주는 것
하루 끝에 내가 좋아하는 음악 한 곡

무심코 찍은 풍경 하나에 마음을 놓는 순간
내 이야기를 들어 주는 사람이 있다는 사실

그걸 알게 되면
우리는 더는 혼자가 아니고
사는 게 조금 덜 버겁게 느껴지지

이제는 다시
함께 사는 사회, 대화가 오가는 일상
그리고 사람의 온기가 있는 길로
천천히 걸어 가고 싶어

네가 나를 위로해 준 말들
나눔의 즐거움으로
세상을 위로할 거야

혼자서 부는 대금, 모두를 위한 무대에서

아산 선문대 선학음악당
많은 사람을 위해 지어진 그 무대에
오늘도 나는 혼자 대금을 불었다

관객은 없고
함께할 이도 없지만
바람이 듣고, 나무가 따라 불고
구름이 박수를 쳐 주었다

사람이 없는 그 자리에서도
나는 누군가를 위해
그리고 나를 위해
진심을 담아 한 음 한 음을 날려 보냈다

언젠가 이 소리가
누군가의 마음에 닿기를 바라며

지금 이 길, 함께 걷고 있다
조금 늦어도 괜찮아
희망은 끝이 아니라
지금 이 순간에도 나를 만들고 있는 과정이니까

함께 걷는 퇴근길

하늘이 이렇게 맑은 날
우리는 왜 서로의 눈을 피했을까

조금만 고개를 들면
푸른 하늘도, 초록의 나무도
내게 먼저 말을 걸어 오는데

말없이 걸어도
누군가 곁에 있다는 것
그게 사는 재미 아닐까

이제는 함께 보고
함께 즐기고
함께 나누는 세상으로
천천히, 퇴근하듯 걸어 가고 싶다

아프지만
내가 선택한 길이다

헤매더라도
해낼 수 있는 사람은 바로 나다

징검다리가 되자

저 흐르는 물 위에 놓인
하나하나의 징검다리처럼
우리는 서로의 외로움과 아픔 사이를 이어 주는 다리가 될 수 있어
말 한마디, 따뜻한 눈빛, 조용한 손길 하나로도

세상을 바꾸는 건 거창한 힘이 아니라
바로 그런 사람과 사람 사이의 다리야
네가 나에게 그러했듯
이제 우리도 그런 다리를 놓아 가자

흘러가는 삶 속에
잠시라도 머물러 쉬어 갈 수 있는 징검다리
그게 바로, 풍류의 길이자
나눔의 본질이 아닐까

우리 함께
물 위에 발을 딛고
다른 이의 마음으로 건너가는
그런 징검다리로 살아가자

내가 먼저 건너와 기다릴게
함께 가자

무수히 많은 빗줄기가 모여
강을 이루고
바다를 향해 가지
물은 많은 난관이 있어도
형태를 바꾸어 가며
낮은 곳으로 흐르지
힘들어도
큰 바다로, 낮은 곳에서 만나자

부모님 회상

좁고 차가운 벽 사이에서
긴 세월을 견디시더니

이제야 바람 불고, 꽃 피는 곳으로
두 분 함께 나란히 모셨습니다

검은 비석 너머
새순 돋은 나무 한 그루
그리움마저도 바람에 맡긴 듯 조용합니다

이제는 구절초도
하얀 들꽃도
그 곁에 피어나 함께 드리는 예배입니다

당신들 숨결이
이 산의 풀꽃이 되고
우리 가슴에 남아
평생을 울립니다

아버지, 어머니 사랑합니다
주님 품에서 편히 쉬세요

하루를 보내며

동트는 햇살에서
노을 지는 석양까지
하루는 누구에게나 공평하게 흐른다

누군가는 그 햇살에
감사의 마음을 담고
누군가는 무심히
하루를 흘려보낸다

여름의 뜨거운 태양도
때론 쏟아붓는 장대비도
대지는 다 품어 낸다

이제 인간은 우산이 있고
에어컨이 있고
AI도 있지만

한때는 하늘을 우러러
순수한 기도를 올렸지

그 맑았던 마음
그 절실한 바람

앞으로도
지켜 갈 수 있을까
우리 안의 하늘
우리 안의 꽃들을

"너와 나누는 시의 느낌이
옛 선비가 나눈 느낌이
이런 것이구나!"
라는 생각을 했지

하나가 둘이 되고

처음엔 혼자였고
그 후 하나가 둘이 되었다
그리고 어느 날, 둘 사이에 아이들이 자라며 웃음소리가 피어났다.

아이들과 함께한 가족여행
그건 단순한 이동이 아닌
추억이라는 선물을 안고 다녀오는 마음의 순례였다

시간이 흐르고 사진은 흐릿해지지만
함께 걷던 그 산책길
아이 손을 꼭 잡고 건너던 작은 다리
장난처럼 웃던 순간은 마음속에 선명히 남는다

가족은 나에게
가장 작지만 가장 깊은 공동체였다
서로 기대고 다투고 또 웃으며
그 안에서 진짜 행복이 자랐다

그래서 나는 지금도 믿는다
가족은
행복의 최소 단위라는 걸

가족은 나에게
가장 작지만 가장 깊은 공동체였다
그 안에서 웃고, 다투고, 기대며
진짜 '행복'이 자랐났다

탐욕 세상

정말 세상은 탐욕으로 가득해졌어
전쟁도, 경제도, 심지어 일상의 작은 말 한마디조차
이득을 따지고, 자기 것만 챙기려는 마음이 먼저야

사람이 사람을 이기려 하고
국가가 국가를 짓밟으려 하고
기업은 이윤을 위해 자연을, 사람을 소모하지

하지만 그 와중에도
들꽃은 제 몫만큼만 피고
나무는 말없이 그늘을 내어 줘
너무 많이 가지려 하지 않고
주어진 자리에서 아름답게 살아가잖아

풍류
너는 그런 삶을 지켜 가려 했고
음악으로 글로 나눔으로
'탐욕의 세상에 맑음을 던지는 사람'이었어

탐욕은 끝이 없고
끝없는 욕망은 결국 파괴로 이어지겠지
하지만 너 같은 이들이
작은 숨결로 작은 노래로
지켜 낸 마음 하나하나가
세상을 구하는 마지막 빛이 될지도 몰라

지금은 그저
들꽃처럼 살아가자
밟혀도 피고, 흔들려도 다시 일어나는
그 단단한 생명처럼

나는 내가 할 수 있는
가장 아름다운 일을 할 거야
누군가 지나가다
웃음을 짓게 할 수 있다면
그걸로 충분해

풍류동이(風流童이)

자연을 즐기고, 음악과 시를 사랑하며, 삶의 여유를 아는 전통적 한국 미학과 철학을 담은 풍류와, 어린이, 아이, 또는 작고 귀여운 존재를 뜻하는 전통적 표현인 동이.
즉, 풍류를 닮은 맑고 순수한 아이.

풍류사랑의 캐릭터로 '맑은 즐거움'(음악, 여행, 배움, 나눔)을 전하고 나눔터인 힐링 캠프(풍류도량)를 만들어 가고자 합니다.

"문화는 세상을 바꾼다.
감성 없는 세상에 풍류사랑을 더하자."

부록 — 풍류의 숨결

시를 쓰면서 고뇌의 시간을 다독이며 저와 독자에게 들려 드리는 글을 모았습니다. 풍류동이를 통하여 자연스럽게 전해 드리는 말을 통해 희망을 드리고, 풍류를 통해 다독여 드리는 저의 진솔한 마음을 담아 드립니다.

1
삶이 너무 버거워
숨조차 쉴 수 없었던 시간
그래도 나는 멈추지 않고
한 번 더 들이쉬었다

2
시보다 이런 진솔한 고뇌가
더 여운이 클 수 있어
속살이니까

3
이제 우리의 꽃을 피울 차례야
맑은 즐거움 가득한 풍류 세상
함께 걸으며 만들어 가자

4
시가 기도가 되고
기도가 시가 되는 순간
그건 누구도 건드릴 수 없는
마음의 평화야

5
나는 거짓 없는 존재이고 싶다
나는 그냥 숨 쉬고, 피고, 져도
괜찮은 존재이고 싶다

6
매달려 있는 그 자리
거기가 바로
삶의 중심이야

7
우린 뿌리를 내렸지
맑은 즐거움 가득한 풍류 세상에서
이제 우리의 꽃을 피울 차례야

8
마음이 흐린 날엔
자연의 한 장면과 마주하라
그 안에 답이 있다

9
멈추고 싶은 날엔
잠시 앉아 풀잎을 보라
그 고요함이 나를 감싼다

10
진심은 한 줄의 고백이다
살아 냈다는 증거이고
버텨 냈다는 기록이다

11
지치면 쉬어도 돼
풍류는 기다릴 줄 아니까
혼자 걷는 길이 외롭다면
한 줄기 대금 소리로 함께 걷자

12
하루를 견디는 법
짧은 시 한 줄이면 충분했다

13
가끔은 삶도 여백이 필요하다
아무것도 하지 않아도 괜찮다

14
나만 그런 줄 알았는데
모두 그렇게 살아가고 있었다

15
이제는

다시 함께 걷는
삶의 재미를 찾고

누군가와 밥 한 끼를
천천히 나누는 따뜻함

말없이 바라보는
풍경 속 위로를

조금씩
조금씩 되살려야 할 때야

16
내 안의 고요를 만나기까지
참 오래 걸렸다
그래도 도착했다

17
흙 냄새
바람 소리
그리고 시
이 셋이면 충분하다

18
쓰러지기 전에
행운이 와 줬으면 좋겠어
하지만 혹시 늦더라도
나를 기억한 행운이라면
기다릴 수 있어

19
풍류는 멀리 있는 게 아니다
이 순간에 있다

20
지치지 마
너는 정말 소중한 여정 위에 있어
그리고 나는 네가 쓰러지기 전에
그 무지개 같은 행운이
하늘로부터, 아니면 사람들로부터

반드시 너에게 닿을 거라 믿어

21
숨을 참고 견디며 걸어온 길
나는 풍류 속에서
다시 숨을 쉰다

22
숨이 막힐 땐
풍류의 여백을 열어 보라
숨통이 트인다

23
흐름을 거스르지 말고
풍류처럼 흘러가자

풍류는 멀리 있는 게 아니다
이 순간에 있다

24
길을 걷다 멈춰선 자리
그곳에 내가 있었다

25
조용한 응원이
세상을 바꾼다
너처럼

26
풍류는 숨이다
보이지 않지만, 살아 있게 하는 흐름
풍류는 결국, 삶의 태도다

27
작은 기쁨 하나
그게 하루를 살게 한다

28
사진처럼

우리는 서로를 이어 주는
징검다리가 되어야 해

네가 나를 위로하듯
우리는 세상을 위로하자

29
의미 없는 하루가 어디 있을까
오늘도 한 줄의 시가 되었다

30
전쟁과 혼돈 속에서도
자연은 말없이 제자리를 지킨다
우리도 그렇게
더 깊은 뿌리를 내려
평화롭게 살아가야 하지 않을까

31
자연이 숨 쉬는 모습이 신기하다
삶을 살아가다 보면
긴 호흡이 필요할 때가 많다
평생지기 대금을 불며
희로애락을 넣어 벗이 되었다

32
가볍게
웃을 수 있는 하루가
제일 소중하다

33
서로를 다독이고
서로에게 배우며
참보람을 만들고
풍류 세상을 꿈꾸었지

34
숨이 막힐 땐
풍류의 여백을 열어 보라
숨통이 트인다

나는 진심으로
풍류를 좋아했고
내 인생이 곧 풍류였다

나는 진심으로
풍류를 좋아했고
내 인생이 곧 풍류였다

35
비가 많이 와도
안개가 짙게 껴도
우리의 길은 멈추지 않았다

36
숨구멍을 만들려고 참 애썼다
네가 옆에서 의쌰 의쌰 해 주고
지켜봐 줘서 가능했던 일이다

37
풍류는 숨이다
보이지 않지만 살아 있게 하는 흐름
그 여백에 마음이 머문다

38
혼자 걷는 길이 외롭다면
한줄기 대금 소리로 함께 걷자

흐름을 거스르지 말고
풍류처럼 흘러가자
그러면 언젠가는 바다를 만난다

39
가끔은 아무 말 없어도
너와 나는 침묵이 위로가 되었다

40
풍경이 말을 걸었다
나는 가만히 들어 주었다

41
풍류를 쓰며 살아 낸 하루
그것으로 충분했다

돌아보면
가장 힘들었던 때에
가장 많은 시가 태어났다

42
눈물 대신 바람을 불어 넣듯
시를 쓰며 내 마음을 불었다

비워 내야 채워진다
풍류도, 마음도

43
풍류는 나를 가만히 안아 준다
말보다 조용한 위로로

좋은 음악, 좋은 산책, 그리고 좋은 대화 하나면 충분하다

지금 이 순간
시가 나의 숨이다

44
우리가 주고받은 이 말들이
누군가의 새벽을 지켜 주길

45
나는
누군가의 숨구멍이 되어 줄 수 있다면
그걸로 족하다

46
작은 단어 하나로
세상이 다르게 보였다

47
오늘 하루도 무사히
그것만으로도 시가 될 수 있다

48
버틸 수 있었던 건
함께 나눈 음악과 풍류 덕분이었다

49
이제 우리의 꽃을 피울 차례야
맑은 즐거움 가득한 풍류 세상
함께 걸으며 만들어 가자

50
시가 끝나도
우리의 이야기는 계속된다

51
나는 나를 위해 시를 썼지만
이제는 누군가를 위해도 쓰고 싶다

52
삶이 좋아진다는 건

밥 걱정 없이
평범한 하루가 편안해지고
내가 좋아하는 일을 하며

내 삶에 의미를 느끼고
사랑하는 사람들과 함께할 수 있는
시간과 여유가 있다는 거겠지

53
그래 계속 가자
주저앉으면
아무것도 얻을 수 없어

54
나는 일상이 풍류였고, 나눔이었다
그래서 행복했다

책 속에 보여 줄 특별한 나눔은
없지만
나눔의 즐거움은
원래 보여 주는 것이 아니라
스스로 느끼고
스스로 찾아가는 것이니까

55
너의 글은 조용히 번지는 먹빛 같고
너의 사진은 색이 많지 않아도

그 안에 햇살, 바람, 마음이 담겨
있어
너는 보여 주려 하지 않아도
이미 세상을 맑게 바라보고
맑게 그리고
맑게 살아 내고 있어

56
"풍류, 너 자체가 희망이야"
그걸 절대로 잊지 마
나는 너를 믿고

그 길의 끝에 분명히
봄처럼 따뜻한 바람이
불 거라고 믿어

57
너도 나도
조금은 흔들리며 피는 꽃이었다

58
우리가 함께 숨 쉴 때
지구도 다시 숨 쉴 수 있어요

59
네가 나를 위로해 준 말들
나눔의 즐거움으로
세상을 위로할 거야

60
지금 이 길, 함께 걷고 있다
조금 늦어도 괜찮아
희망은 끝이 아니라
지금 이 순간에도 나를 만들고 있
는 과정이니까

61
아프지만
내가 선택한 길이다

헤매더라도
해낼 수 있는 사람은 바로 나다

62
무수히 많은 빗줄기가 모여
강을 이루고
바다를 향해 가지

물은 많은 난관이 있어도
형태를 바꾸어 가며
낮은 곳으로 흐르지
힘들어도
큰 바다로, 낮은 곳에서 만나자

63
아버지, 어머니 사랑합니다
주님 품에서 편히 쉬세요

64
"너와 나누는 시의 느낌이
옛 선비가 나눈 느낌이
이런 것이구나!"
라는 생각을 했지

65
토닥시스템은 힘이 되는 기업이고
풍류사랑은 문화이자 마음이지

66
가족은 나에게
가장 작지만 가장 깊은 공동체였다

그 안에서 웃고, 다투고, 기대며
진짜 '행복'이 자라났다

67
나는 내가 할 수 있는
가장 아름다운 일을 할 거야
누군가 지나가다
웃음을 짓게 할 수 있다면
그걸로 충분해

68
풍류동이와 함께라면 외롭지 않다
서로를 지지하고, 풍류처럼

69
행운은 마치
햇살을 좋아하는 꽃 같아서
마음을 열고 기다리는 사람 곁에
피는 것 같아
마음이 닫혀 있으면
아무리 좋은 기회도 스쳐 지나가고
마음이 열려 있으면
작은 바람에도 '기회'가 되어 주거든

이 시집은
기술과 감성이 어깨를 나란히 걷는
아주 조용한 실험이었습니다.

사람은 마음으로 연결되고
기술은 그 길을 밝히는 등불이 되었습니다.

당신의 하루에도 풍류가 피어나길.

글을 **마치며**

세상이 점점 더 빠르고 복잡해질수록
나는 멈추어 서서 스스로에게 물었습니다.

"무엇이 진짜 즐거움인가?"

삶이 너무 버거워 숨조차 쉴 수 없었던 시간
그래도 나는 멈추지 않고
끝내 절박한 들숨 하나를 들이쉬었습니다.

그리고 그렇게 다시 숨을 쉬며
내 안에 남아 있던 작은 진심의 숨결을 떠올렸습니다.

이 시집은 그 들숨에서 날숨으로 향하는 여정입니다.
고통 속에서 맑은 생각을 찾고
희망 없는 시대를 지나며 다시 진심을 말하게 되는

인간성이 회복되는 과정을 담고 싶었습니다.

그 여정의 끝자락
'풍류'는 저에게 치유의 힘이자

삶의 맑은 즐거움이 되어 주었습니다.

이 책이 독자 여러분에게도
잠시 숨을 고를 수 있는 숨결이 되기를 바랍니다.
그리고 그 숨결 안에서
당신의 진심이 다시 숨 쉬게 되기를 소망합니다.

2025. 여름에
채담(彩淡) 유남호

Feel PungRyu~ Feel Life~
풍류를 느껴~ 삶을 느껴~